UNE

PREMIÈRE TENTATIVE

D'APPLICATION DU JURY

AU JUGEMENT DES MATIÈRES CIVILES

PAR

M. Ch. LEGAY

ROUEN

IMPRIMERIE DE ESPÉRANCE CAGNIARD

rues Jeanne-d'Arc, 88, et des Basnage, 5

—

1883

Discours de réception de M. Ch. LEGAY

UNE

PREMIÈRE TENTATIVE

D'APPLICATION DU JURY

AU JUGEMENT DES MATIÈRES CIVILES

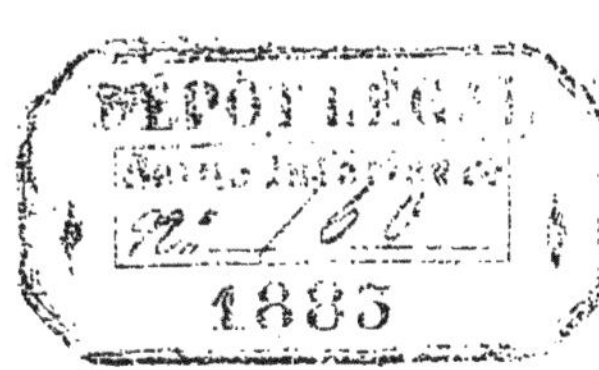

PAR

M. Ch. LEGAY

ROUEN

IMPRIMERIE DE L'ESPÉRANCE CAGNIARD

rues Jeanne-d'Arc, 88, et des Basnage, 5

—

1883

DISCOURS DE RÉCEPTION

DE M. Ch. LEGAY

Messieurs ,

La question dont je veux vous entretenir est nécessairement une question juridique. Un homme qui a passé sa vie dans les tribunaux et dans les cours de justice ne peut guère se permettre de vous parler d'autre chose que de ce qui a fait jusqu'ici le principal objet de ses préoccupations.

Vous savez quelle place considérable on veut faire maintenant, dans notre législation, à l'institution du Jury. J'ai pensé que quelques indications sur une procédure normande, *le Requenoissant*, qui n'est à vrai dire qu'une première tentative d'application du jury aux matières civiles, pourraient n'être pas dépourvues d'intérêt, et que le respect qui s'attache à nos vieux coutumiers vous ferait prêter une oreille indulgente à une lecture qui n'est qu'une traduction dans la langue du jour de quelques textes empruntés aux monuments de notre ancien droit.

Quelle que soit l'aridité du sujet, je sais que je puis compter sur votre bienveillance. Vous m'avez montré combien elle était grande le jour où vous m'avez admis parmi vous. Je n'avais d'autre titre à vos suffrages qu'un essai qui ne prouve que mon culte pour nos gloires normandes. L'amitié de quelques-uns d'entre vous a su faire de rien quelque chose, et l'indulgence des autres a voulu croire sur parole l'amitié, toujours partiale, quoi qu'elle fasse. — Je prie la Compagnie d'agréer mes remercîments, remercîments d'autant plus vifs, que l'honneur qu'elle m'a fait est, pour ainsi dire, tout gratuit.

Avant de vous montrer, Messieurs, ce qu'était la procédure normande du *Requenoissant*, au temps de la rédaction de nos anciens coutumiers, c'est-à-dire au xiiie siècle, permettez-moi de dire un mot des Justiciers, de ceux tout au moins que je serai forcé de nommer dans l'exposé que je veux tenter.

Au premier rang et au-dessus de tous les autres, nous trouvons le Sénéchal de Normandie. Le texte français du Grand Coutumier n'en parle que par parenthèse, au chapitre de Déraine. « En Normandie, dit-il, souleit aveir un Sénéchal de par le Duc, pour amender ce que les Baillis meffeseient et pour faire

plenier dreit à chascun, qui enquereit les dreiz le Duc
e gardeit e rapelout e adrecout l'estat deu pais e gre-
vout les malfetours e feseit l'ordre de dreit estre gardée
en toutes choses.»—Je cite le Grand Coutumier d'après
un manuscrit, provenant de l'abbaye de Saint-Ouen,
que possède la bibliothèque de la ville de Rouen, et dont
Froland, l'arrêtiste du Parlement de Normandie, invo-
quait autrefois l'autorité, non sans raison, car on
trouve dans ce manuscrit de très précieuses indications.

A la fin du XIIIe siècle, il n'y avait plus, je ne sais
pourquoi, de Sénéchal de Normandie. Les maîtres de
l'Echiquier étaient alors les plus hauts justiciers de la
province. Après eux, venaient les Baillis qu'on appelait
plus particulièrement les justiciers du pays. Ils ne pouvaient faire justice que dans l'étendue de leur baillie.
Ils étaient établis, disent nos sources, pour garder la
paix, terminer les querelles, détruire les larrons, les
homicides, les incendiaires et autres malfaiteurs. Réu-
nissez, par la pensée, dans la même main, les pouvoirs
divisés entre les six ou sept plus hauts fonctionnaires
d'un de nos départements, et vous aurez quelque idée
d'un bailli au XIIIe siècle.

Au bailli étaient apportées les plaintes; il devait les
recevoir et donner jour pour plaider, après avoir
pris caution des plaidants, qui devaient s'engager à
suivre sur ces plaintes. Les affaires se déroulaient devant lui et il faisait exécuter les jugements. Quand
ces jugements étaient portés en appel devant l'Echiquier, il était là pour les recorder. Le record était le
témoignage qu'un juge portait de la décision qu'il avait

rendue. On préférait ce témoignage à tout monument écrit, parce qu'il laissait moins de doute sur le sens du jugement.

Après ces quelques mots sur nos justiciers, un mot, plus bref encore, 'sur la justice. Au temps de nos premiers ducs, on avait la grande ressource du duel judiciaire. Les questions de propriété étaient tranchées par la procédure de *Ley apparissant*. Les parties gageaient la bataille. C'était une coutume presque universelle en France, et cela paraissait la chose du monde la plus naturelle. Je ne citerai qu'un exemple qui me paraît assez significatif pour me dispenser d'insister. Au ixᵉ siècle, « lors d'un débat, entre deux couvents, qui devait être jugé suivant la loi romaine, rapporte M. Paul Viollet dans sa remarquable introduction aux Établissements de saint Louis, on chercha vainement à Paris des juges qui connûssent le droit romain. Il fallut recourir aux docteurs d'Orléans. Que décidèrent ces romanistes? Ils ne trouvèrent d'autre solution que le duel judiciaire. Il eût été engagé, si tout à coup un « legis-doctor » du Gâtinais n'eût fait prévaloir une solution amiable. » On considérait alors l'issue de la lutte à main armée comme un décret de la Providence, car il semblait qu'un Dieu juste devait donner inévitablement la victoire au bon droit. Les papes, les conciles et les évêques durent renouveler souvent leurs censures pour déraciner cet usage insensé.

Mais, dans certains cas, le duel était impossible. Ainsi le roi ne pouvait pas gager la bataille. Il ne pouvait pas élire un champion, car, comme le fait remarqner le juriste anglais Bracton, il avait pour champion le pays tout entier. Pour soutenir les droits du roi, il fallut nécessairement organiser une procédure spéciale. — Comment faire également quand il s'agissait d'une question possessoire ? Le duel eut été un singulier moyen de trancher une question provisoire, car on ne meurt pas provisoirement. Or, c'est une chose digne de remarque, on a toujours soigneusement distingué chez nous. le possessoire du pétitoire. C'est sur notre terre que la complainte et la réintégrande se sont épanouies, et quand je vois de graves auteurs discutant la question de l'origine des actions possessoires, les uns, comme M. Troplong, rattacher ces actions au droit romain, aux interdits *uti possidetis* et *unde vi*, les autres, comme Henrion de Pansey, Toullier, Merlin, les rattacher à la loi Salique, je regrette que les uns et les autres n'aient pas songé à sonder nos sources normandes. Lorsqu'elles auront été convenablement étudiées, elles jetteront un jour nouveau sur cette question, et personne, après avoir lu le texte du très ancien Coutumier ne sera plus tenté, j'en suis convaincu, d'attribuer l'introduction de la complainte au roi saint Louis ou à Simon de Bucy.

On fit profiter les actions possessoires de la procédure spéciale organisée dans l'intérêt de la couronne. Plus tard on fit aussi profiter de cette procédure certaines actions relatives au droit de propriété, mais le nombre de ces actions a toujours été fort restreint.

En quoi consistait cette procédure? — Il me semble que le moyen le plus simple de ré_ondre à cette ques-

tion est de dérouler devant vous une action possessoire.
Supposons donc un homme qui a dépouillé de sa terre
un autre homme, et cela depuis moins d'un an et un
jour. Vous voyez poindre immédiatement notre action
en réintégrande ; on la nommait : *Nouvelle dessaisine*.
J'ai choisi cette action parce que je la crois la plus an-
cienne de celles qui ont nécessité la procédure spéciale
dont je viens de parler. — Que va faire celui qui a été
dépouillé ? — Porter plainte ? — A qui ? — Ici, je m'aperçois que j'ai pris trop de champ. Quand le très ancien
Coutumier a été rédigé, vers l'an 1200, le Sénéchal de
Normandie était le plus haut justicier de la province.
On se souvenait bien encore de son rôle lors de la rédaction du Grand Coutumier, c'est-à-dire vers 1280,
mais ce n'était plus qu'un souvenir. Vouloir exposer,
Messieurs, ce qui se passait au XIIIe siècle dans un
procès engagé sur telle ou telle question, c'est exactement comme si nous voulions traiter de la procédure
au XIXe siècle. Nos étudiants savent ce que vaut un traité
de procédure civile ou d'instruction criminelle qui date de
quelques années. Ils n'osent pas le lire de crainte d'être
induits en erreur, et ils ont raison. Je veux bien admettre
que nos pères avaient l'humeur un peu moins chan-
geante que la nôtre, mais on se tromperait grandement
si l'on croyait à l'immutabilité de leur législation. Ils ne
nous ont rien laissé, j'en conviens, qui ressemble au
Svod de Russie, la plus volumineuse des plus mauvaises
plaisanteries, disait un Russe, homme d'esprit ; rien
même qui ressemble à notre Bulletin des Lois, que je
ne compare pas au *Svod*. Nous possédons toutefois assez

de monuments de notre ancien droit pour montrer que notre organisation judiciaire et notre procédure n'étaient rien moins qu'immuables. La question qui nous occupe nous fournira plus d'une preuve de cette assertion.

Au commencement du XIIIe siècle, on s'adressait au Sénéchal ; à la fin, on s'adressait au Bailli ; ou, du moins, le premier acte de la procédure était expédié, dans les premiers temps, au nom du Roi ou du Sénéchal, et plus tard on l'expédiait au nom du Bailli. — Employons un mot générique : le Juge.

Sur la plainte à lui faite, le juge délivrait un bref. On l'obtenait facilement, car il y avait des clercs établis tout exprès pour dresser le bref, après avoir reçu la plainte. — « Bref, dit Terrien, est un mandement qu'on obtient du Juge, contenant une brève et certaine forme de la querelle, clameur ou demande qu'on veut intenter. » — Cet acte de procédure ressemble singulièrement à la formule que le préteur romain donnait au demandeur, formule ordonnant au juge de condamner le défendeur ou de l'acquitter, selon le résultat de l'examen des faits. Le très ancien Coutumier, le Grand Coutumier, le Stille de procéder, nous fournissent des modèles de cet acte de procédure. Le bailli s'adresse à tel ou tel sergent et lui dit :

« — Commande à H. que il resésisse sans nul délai R. de son tenement qui siet en tel lieu de que il fu sesiz au derrenier aost, ou à celui qui fu devant le derrenier, de qoi il l'a puis dessessi à tort et sans jugement ; et se il ne le fet, se li autres te done plege de sivre sa clameur, semons douze chevaliers léaus et les hommes del

visne que ils soient à la première assise de ta baillie
appareille a fere requenoissant par leur serement, et fai
dedans ce veoir la terre, et semon H. que il seit à la
veue et à l'assise et aies o toi les jureeurs et le semonneur
e cest brief. » — Le visné, c'est le voisinage. Nous ne
disons plus visné, mais nous disons encore voisiné : une
sente de voisiné. Ceux-là sont du visné qui demeurent
à moins d'une lieue de la terre contentieuse, soit dans
la paroisse où se trouve cette terre, soit dans une paroisse limitrophe de celle-là.

Muni du bref, le sergent fait la semonce. Elle doit
avoir au moins quinze jours de terme. Il donne jour au
plaignant pour qu'il se trouve à la vue, et il ajourne
aussi le défendeur. Il fallait bien qu'avant tout il y eût
une accession de lieu, une *vue*, puisque le bailli dans
son bref avait ordonné de faire voir la chose en litige
dans l'intervalle de temps qui séparait la semonce de la
session de l'assise.

A l'époque où a été rédigé le très ancien Coutumier,
auquel nous avons emprunté le formule du bref, on
appelait à la vue en nouvelle dessaisine, douze chevaliers
du voisinage. Il n'en est plus ainsi cinquante ans plus
tard. Le Grand Coutumier déclare qu'en cette matière
la vue peut être soutenue, sans chevaliers, par douze
loyaux hommes du visné. Il ajoute, il est vrai, que si
l'on peut amener facilement des chevaliers à la vue,
cela ne nuira pas. Douze loyaux hommes, disent nos
sources, c'est-à-dire douze hommes tels que la loi les
veut : *duodecim legales homines*. Les ennemis, les
amis particuliers, les cousins de l'une ou de l'autre

partie, aucun de ceux qu'on peut soupçonner d'amour ou de haine, ne doit être reçu au *requenoissant*, non plus que ceux qui ont intérêt au procès, ou qui sont *attournés* ou *conteurs* pour le demandeur ou le défendeur. On écarte également les voisins immédiats de la chose en litige, ceux qui ne savent rien de ce qui fait l'objet du procès, comme aussi ceux qui ont été condamnés pour parjure ou pour faux témoignage. Ceux qu'on doit préférer, ce sont les gens du voisinage, à l'abri de tout soupçon, que l'on croit savoir le mieux la vérité sur le fond de la querelle. — Mais il faut prévoir les récusations dont nous parlerons bientôt, et le sergent ne va pas semondre seulement douze loyaux hommes, il en semondra vingt. — Ce ne sont pas les parties, remarquez-le bien, qui choisissent ceux qui sont appelés au *requenoissant*, c'est l'officier de justice, c'est le sergent. Dans de pareilles conditions, il devait se heurter souvent à d'insurmontables difficultés.

Le sergent désignait au *requenoissant* l'heure et le lieu où l'on devait se réunir. Ordinairement le lieu de la réunion était à l'église de la paroisse, sinon à un endroit connu, plus rapproché de la terre en litige. Si la convocation était donnée pour le matin, on se réunissait au soleil levant, mais on n'était réputé défaillant qu'autant qu'on n'était pas arrivé à l'heure de prime. Si l'on était convoqué pour l'heure de prime, c'était à tierce seulement que le défaut était donné, et de même pour none et vêpres.

Quand tout le monde était réuni, la terre était mise en la main du roi. Cela fait, si l'une des parties se per-

mettait un acte de possession sur cette terre, cette partie
était prise au corps et demeurait en prison jusqu'à ce
qu'elle eût amendé son méfait. Puis, le sergent faisait
lire le bref, si mieux n'aimait recorder lui-même la
plainte qui s'y trouvait contenue. Après, le plaignant
montrait la terre qui faisait l'objet de sa demande, et il
la montrait en long et en large, de manière à éviter
toute équivoque. Le sergent, conformément à l'ordre
contenu dans le bref, commandait alors à celui qui dé-
tenait la terre d'en ressaisir le plaignant. Que le défendeur s'exécutât ou ne s'exécutât pas, le sergent assi-
gnait jour aux parties aux prochaines assises.

L'Assise, dit le Grand Coutumier, est assemblée de
chevaliers et de sages avec le bailli en certain lieu et à
certain temps. La durée de chaque session était de
quarante jours, et les sessions avaient lieu de trois
mois en trois mois, là où il plaisait au Bailli. Le très
ancien Coutumier nous indique que trois ou quatre
chevaliers ou barons étaient choisis pour siéger aux
assises. Ils juraient de rendre loyalement la justice,
de ne pas recevoir des présents de la main des méchants
pour grever les innocents, et de conserver fidèlement
les rôles où l'on consignait les jugements.

Au jour assigné par le sergent, le Bailli qui tenait
l'assise, ou celui qui était en son lieu, son *lieutenant*,
après une nouvelle lecture du bref, parties présentes,
demandait au plaignant s'il voulait suivre sur ce bref.
Le plaignant répondait-il négativement, il était condamné à l'amende, et le défendeur rentrait en possession de la terre litigieuse. Tout était fini.

Il en était de même s'il ne répondait ni oui ni non ;
le cas est prévu ; ce qui prouve que ce n'est pas d'hier
que nous sommes gens circonspects.

S'il déclarait qu'il était prêt à suivre sur son action,
le Bailli demandait au défendeur s'il voulait soutenir
cette action dans les termes du bref qui avait été lu.
Supposons, pour abréger, que le défendeur ne préten-
dait pas qu'il y eût eu méprise à la vue, ce qui eût
forcé de demander au *requenoissant* et au sergent de
recorder ce qui s'y était passé ; supposons également
que le défendeur n'appelât pas garant en cause, quoi-
qu'on ne pût appeler garant en nouvelle dessaisine :
supposons enfin qu'au lieu de passer condamnation, il
se déclarât, lui aussi, prêt à soutenir l'action ; que
faisait-on? Ce que nous faisons chaque jour à la cour
d'assises, au début de l'audience.

On appelait, en présence des parties, les loyaux
hommes dont nous parlions ; on les appelait chacun par
leur nom, et leurs noms étaient mis en l'écrit de
l'assise. Les parties pouvaient *saonner* (récuser)
ceux en qui elles trouvaient une cause de récusation.
Si les récusations réduisaient au-dessous de douze les
hommes appelés au *requenoissant*, il semble qu'il fallait, dans ce cas, que le sergent appellât de nouveau,
par une semonce en règle, de loyaux hommes à la vue
pour compléter le *requenoissant*. Dès que douze
hommes étaient passé sans *saon* (récusation), on pro-
cédait à la prestation du serment. — Ne croirait-on
pas, Messieurs, que j'analyse ici les dispositions des
articles 399 et suivants du code d'instruction crimi-

nelle? Non, je rapporte preque mot pour mot la fin du chapitre 92ᵉ du Grand Coutumier.

Passons à la prestation de serment. Ici, le Coutumier diffère un peu du code d'instruction criminelle. La dissemblance dans quelques jours sera peut-être encore plus grande. — Le premier dont le nom a été mis dans l'écrit de l'assise jurait en cette forme : « Ce oez vos, sire bailli, que je vérité vos dirai de ceste querelle, ne pour rien nel lerai ; si m'ait Dex et les Sainz. » Le second jurait en iceste forme : « De la querelle de quei Richart a juré que il dira veir, je en dirai de mei veir, si m'ait Dex et les Sainz. » Les autres juraient de même.

Après la prestation du serment, les jureurs ne pouvaient s'entretenir en particulier. Le Bailli leur recommandait en ces termes de dire *veir* : « Recognoissez par la fei et la créance que vos avez en Nostre Seigneur Jhesu-Crist et que vos receustes en baptesme, e sus le serment que vos avez ici fet devant nos, si que si vos en mentez de rien ou en celez vérité les ames de vos en seient dampnees perdurablement e les cors en voisent a honte sus terre, recognoissez vos se Guillaume out au desraein aoust devant cest la seisine de la terre que il vos a monstree e comment ils l'out e quelle, e se vos creez, savoir mon, se Richart l'en a dessaisi puis cel terme e comment. »

Je voulais poursuivre l'exposition de cette procédure sans m'arrêter sur l'exhortation du bailli, mais Terrien, l'excellent lieutenant-général du Bailli de Dieppe, a si bien exprimé, il y a plus de trois cents ans, l'impres-

sion que cette exhortation me fait éprouver que je ne
résiste pas au plaisir de vous rapporter ses paroles :
« Encores que cette forme ne soit à présent exactement
gardée, dit-il, si est-ce que la mémoire n'en doit pas
être abolie; car on voit, en cela, comme nos maïeurs
estoyent fort religieus, admonestant par telles adjura-
tions du péril éminent qui provient du parjure, rupture
et violation de la foy, et que sur ce point de prestation
de serment le juge ne saurait trop demeurer pour adver-
tir celuy au dit serment qu'il ait à bien diligemment
regarder à sa conscience et dire la vérité, ne pouvant
pas par quelque couleur que ce soit fuyr et éviter la
main et toute-puissance de celuy qui est la vérité
même. Lors peut-être que le jurateur touché des sainc-
tes remontrances du juge, descendra plus profondé-
ment en soy-même et déclarera la purité du faict, mise
sous le pied toute faveur. Voilà un grand profict d'une
telle solennité de serment, pour la révérence duquel
cette non jamais assez louée antiquité représentait
le sainct Evangile qu'il falloit vrayment et corporel-
lement toucher et observoit autres solennitez déclarés
par la glose. »

La question bien et dûment posée par le Bailli, les
jureurs se retiraient tous ensemble pour tenir conseil
et, pendant ce temps, ils étaient tenus sous bonne garde
pour que personne, à ce moment solennel, ne pût, par
des sollicitations, les détourner de leur devoir. Cela
ressemble si bien à ce qui se passe encore à cette heure,
qu'il me semble utile, sinon nécessaire, d'affirmer de
nouveau que je rapporte simplement ce qu'on lit dans

le Grand Coutumier : « Lors les juroours voisent ensemble a conseil e seient gardez par feel garde que lour vérité ne soit corrompue par mauves ammonestements. »

Quand les jureurs avaient délibéré, ils revenaient devant le Bailli en l'assise. Ils avaient promis de dire *veir;* le verdict, *vere dictum,* était prononcé. Un d'eux faisait connaître la réponse du *requenoissant.* S'ils affirmaient unanimement que le demandeur avait la saisine de la terre et que le défendeur l'en avait dessaisi, le demandeur obtenait la saisine et le défendeur était condamné à l'amende.

Qu'advenait-il s'ils n'étaient pas d'un avis unanime? Le très ancien Coutumier, dans sa première partie, dit que si deux ou trois jureurs déclarent ne pas savoir à quoi s'en tenir, le *requenoissant* doit être fait par d'autres jureurs, et que cet errement peut se réitérer jusqu'à trois fois. Dans sa seconde partie, au chapitre 76, il dit au contraire que l'avis de la majorité doit l'emporter sur l'avis de la minorité. La coutume se serait donc modifiée dans les vingt ans qui séparent la rédaction des deux textes confondus dans le Coutumier. Peu importe. Nous savons ce que nous avions besoin de savoir pour la solution de la question qui nous occupe, et nous n'avons pas besoin de rechercher sur ce point les variations de la coutume. Nous pouvons nous en tenir là.

Le verdict donné, le *requenoissant* n'en n'avait pas fini avec les devoirs qui lui incombaient. Le demandeur, par suite de la dessaisine, avait perdu peut-être les issues de la terre qu'il eût dû recueillir ; il fallait en bonne justice que le défendeur réparât le dommage qu'il avait causé. C'étaient encore les jureurs qui évaluaient ce dommage. Ils estimaient ce que les issues de la terre eussent pu valoir pour le demandeur, s'il les eût recueillies en temps.

Le caractère complexe des jureurs se manifestait de nouveau, caractère complexe qui ne permet pas de les confondre, soit avec les témoins d'une enquête, soit avec nos jurés actuels.

Pour plusieurs, cependant, nos jureurs ne seraient que des témoins et rien que des témoins. Singuliers témoins que ces douze hommes qui n'étaient pas appelés par les parties, pas même désignés par elles, et que la justice seule choisissait. Leur nombre était fixé d'avance et leur qualité variait suivant la nature du bref qui mettait en mouvement le *requenoissant*. Mais tout cela n'est rien et ces particularités ne suffiraient pas, j'en conviens, pour faire du *requenoissant* quelque chose d'essentiellement différent de l'enquête. Ce qui ne permet pas de le confondre avec l'enquête, c'est ceci : « LES JUREURS DU REQUENOISSANT APPRÉCIAIENT EUX-MÊMES LES PREUVES QU'ILS APPORTAIENT A LA JUSTICE.» C'est là ce que ne font pas les témoins des enquêtes. Les douze loyaux hommes du *requenoissant* étaient juges et témoins tout ensemble. Voilà ce qui faisait de cette vieille institution normande quelque chose de souverainement original.

En créant cette procédure, nos ancêtres se préservaient, sans s'en douter peut-être, d'un abus insupportable : l'Etat juge et partie dans sa propre cause. Le

Sénéchal, les maîtres de l'Echiquier, les Baillis, n'avaient, comme on disait alors, qu'une juridiction baillée ; c'étaient les hommes du Duc ou du Roi. Quand les droits du fisc sont en question, faire juger le procès par les hommes du prince, c'est, en réalité faire celui-ci juge et partie tout à la fois. Prendre douze hommes, à l'abri de tout reproche et placés de manière à savoir la vérité sur le fond de la querelle, sans avoir besoin, par conséquent de recourir au témoignage d'autrui, n'est-ce pas, du moins à première vue, le meilleur moyen d'assurer une bonne justice? Mais, on ne peut pas le dissimuler, cette considération n'apparaît nulle part. Les justiciers, en créant la procédure du *reque-noissant*, ont obéi à une tout autre nécessité. Si c'est dans les procès qui intéressaient le duc de Normandie que le *requenoissant* semble avoir apparu tout d'abord, il ne tarda pas à être appliqué dans des matières où le prince n'était nullement intéressé, et, en premier lieu, dans la question possessoire dont je viens de dérouler la marche habituelle. En examinant de plus près la procédure suivie sur le bref de nouvelle dessaisine, nous pouvons saisir, je crois, la véritable raison d'être du *requenoissant*.

Dans le procès qui s'engageait par *le Bref de nou-velle dessaisine*, le juge, avons-nous dit, ne pouvait pas laisser gager la bataille, puisqu'il s'agissait d'une question provisoire. Je n'ai pas besoin d'insister sur la nécessité de remplacer, en ce cas, le gage de bataille par une autre procédure. L'enquête semble tout indiquée. Mais ce n'est pas chose si facile que de peser des té-

moignages. Alors même qu'on connaît les hommes et
les choses, il faut du temps, de l'attention, de la perspicacité. L'attention et la perspicacité ne manquaient pas,
je le veux bien, au Sénéchal et aux Baillis. Le temps,
en revanche, et la connaisance des hommes et des
choses devaient faire singulièrement défaut à ces juges
itinérants, auxquels incombaient d'ailleurs tant de
soins divers. Rien de plus commode, en pareille occur-
rence, que d'appliquer à toutes les graves questions
pour lesquelles on a successivement créé les différents
brefs cette procédure du *requenoissant*, qui déchar-
geait de toute responsabilité la conscience du justicier,
comme le duel judiciaire aurait pu le faire lui-même.
Voyez et jugez, disait le juge à ceux qui lui paraissaient,
par leur connaissance des hommes et des choses, plus
aptes que lui à faire bonne justice. Puis, sous l'empire
de cette pensée, il se laisse entraîner à appliquer successivement aux actions les plus importantes cette procédure du *requenoissant*.

J'ajoute que cette procédure est bien certainement
normande. On ne la trouve nulle part ailleurs, et, quand
Henri II la consacra, il n'était encore que duc de Normandie. Ce n'est que trois ou quatre ans plus tard, lorsqu'il succéda à Etienne de Blois, qu'il introduisit cette
procédure en Angleterre. Le *requenoissant* est donc bien
une procédure exclusivement normande à son origine.

Mais, il faut l'avouer, le jury, tel que nous l'avons
importé d'Angleterre, n'est pas le *requenoissant* que
nous montrent nos coutumiers. Aujourd'hui, le juge et
le témoin ne sont plus confondus. La vieille institution

s'est transformée, et elle s'est transformée des deux côtés du détroit. Chose remarquable, la transformation s'est faite en sens inverse : ici, en Normandie, le jureur a cessé d'être juge ; en Angleterre, il a cessé d'être témoin. Comment expliquer cette diversité ?

Nos Baillis, peu nombreux (je parle de la justice royale), n'étaient pas seulement justiciers du pays, mais étaient en même temps, on ne saurait trop insister sur ce point, ses défenseurs armés et ses administrateurs. En embrassant trop, ils étreignaient mal. Ils le comprirent eux-mêmes et se firent remplacer par des lieutenants pour les offices de justice. Plus tard, ces lieutenants leur furent imposés. Malgré cela, les sentences et jugements ne cessèrent pas d'être intitulés au nom du Bailli. Au xvᵉ siècle, on exigea que ces lieutenants fussent docteurs ou licentiez *in altero jurium* en Université fameuse. Quand les offices de judicature furent définitivement tombés aux mains de juristes de profession, ceux-ci, se sentant plus aptes que n'étaient autrefois les Baillis à démêler la vérité au milieu des allégations contradictoires des parties, cessèrent de demander au *requenoissant* d'apprécier les preuves qu'il apportait à la justice. C'est ainsi que nos jureurs cessèrent de cumuler la double qualité de juge et de témoin. Cette évolution s'explique d'elle-même. Le Lieutenant-général devait attacher à sa propre opinion, à celle de ses assesseurs et à celle des avocats formés par l'étude du droit et la pratique des affaires, beaucoup plus d'importance et de prix qu'à l'opinion du *requenoissant du visné*. Les avocats, en effet, étaient appelés alors à donner leur avis sur les procès qui se débattaient devant eux et dont ils n'avaient pas connu comme avocats. Mais je m'aperçois que j'ai eu le tort de ne dire qu'un mot de nos *Conteurs* de procès. J'aurais dû m'étendre un peu plus longuement à leur sujet, puisqu'ils jouaient, vous le voyez, un grand rôle dans l'administration de la justice. Permettez-moi donc une petite digression. Le Grand Coutumier ne semble pas connaître la dénomination d'avocat ; il ne parle que des *conteurs* de procès. Qu'étaient-ce donc que ces *conteurs ?* — « Cels sont conteurs que aucuns establissent por conter pour els en cort. Si deivent autretant valeir leor paroles comme se els isseient de la bouche a celi qui l attorna... Se aucun establi a issi soen coutoour : cesti deit parler por mei contre celui , oez le ; e quant il dira por mei ce que ie li enioing, ie le garantirai. La iustice le deit oir... Qui sagement establist son contoor, » reprend le rédacteur du Grand Coutumier, « il l'establit en ceste manière, quer nul sage ne deit garantir les choses qui sunt a dire mes celles qui sunt dites, se il li est avis. » Nous passons encore pour gens prudents, mais en vérité, Messieurs, nous n'approchons pas de nos pères. — Nos conteurs, malgré les précautions que prenaient les sages à leur endroit, n'étaient pas, croyez-le bien, les premiers venus. Pour être admis à patrociner en Cour laye, il fallait avoir été trouvé suffisant et capable et avoir fait serment en assise. Les conteurs juraient, entre autres choses, de répondre loyaument, toute haine ostée, quand la cour leur demanderait leur avis. Le Lieutenant-général, secondé par de pareils conseillers, présentait certainement plus de garanties pour une bonne administration de la justice que *le requenoissant du visné*. On peut d'autant plus l'affirmer qu'on sait, de science certaine, que les bons jureurs étaient rares. Personne ne courait après une fonction qui était une véritable charge. Loin de là, on faisait de son mieux pour l'éviter, et on obtenait souvent, à prix d'argent, d'en être exempté. L'Eschiquier fut forcé d'intervenir. « Que les sergents, dit un arrêt de 1383, ne prennent argent, don ne courtoisie pour relascher aucunes personnes de venir aux veuës, enquêtes et autres semonces a quoy ils seront nécessaires. » Quoique vieux de cinq cents ans, le précédent est bon à retenir.

On protesta d'autant moins contre les agissements de nos Lieutenants-généraux que la confusion dans la même personne du rôle de juge et de témoin présentait un danger que l'expérience révéla bien vite. Enfermez donc, dans la chambre du conseil, les témoins d'une enquête et d'une contre-enquête, et demandez à ces témoins d'apprécier leur propre témoignage avec l'impartialité du juge. On comprend difficilement qu'on y ait jamais songé. Je sais bien que ma comparaison est outrée et que les jureurs n'étaient pas choisis dans les mêmes conditions que les témoins. Si critiquable que soit cette comparaison, elle conserve néanmoins un fond de vérité qui suffit pour faire saisir les inconvénients intrinsèques du *requenoissant*. Aussi, peut-on dire, sans témérité, que ce fut avec l'assentiment général que le Lieutenant du Bailli s'empara de la partie la plus importante du double rôle imposé aux jureurs.

Les vices du *requenoissant* éclatèrent en Angleterre comme chez nous, et la nécessité de ne pas confondre en une seule et même personne le caractère de juge et de témoin s'imposa aux Anglais tout aussi bien qu'aux Normands. Seulement, comme nous le disions, tandis qu'en Normandie les jureurs cessèrent d'être juges pour demeurer témoins, les jureurs en Angleterre cessèrent d'être témoins pour demeurer juges. Comment expliquer cette évolution en sens diamétralement opposé à celle qui s'est produite chez nous ? — Serait-ce qu'au moyen âge et surtout au XVII° siècle, époque à laquelle les jureurs cessèrent définitivement d'être témoins, l'autorité des magistrats d'Angleterre ne s'imposait pas au peuple anglais, comme s'imposait en Normandie l'autorité des Lieutenants-généraux ? J'aime à croire que la magistrature anglaise n'était pas moins digne de respect que la nôtre. Mais il n'en est pas moins vrai qu'à l'époque où le *requenoissant* s'est transformé elle n'obtenait pas ce respect et cette confiance qui permettaient à nos Lieutenants du Bailli de s'emparer de la partie véritablement importante du rôle imposé aux jureurs. Depuis le règne de Henri VIII jusqu'à la révolution de 1688, les haines politiques, portées jusqu'à la fureur, ont agité le peuple anglais et fait tenir pour suspecte toute autorité quelle qu'elle fût. Rien d'étonnant que dans un temps pareil on ait mieux aimé, comme dit Montesquieu, « confier la puissance de juger à des personnes tirées du corps du peuple qu'à un sénat permanent.» On conserva, par conséquent, aux jureurs le caractère de juge et on ne leur demanda plus d'apporter la preuve du fait, objet du litige. C'est de cette évolution qu'est sorti le jury tel que nous l'avons importé en 1790.

Il n'est donc pas exact de dire que l'Angleterre nous a rendu, à cette époque, ce qu'elle nous avait emprunté. Nous lui avions apporté le *requenoissant*, et elle nous a rendu le jury. Elle nous doit bien cette institution, cependant, puisque nous lui en avons fourni tous les éléments ; la matière première, s'il est permis de parler ainsi.

L'Angleterre, Messieurs, possède encore le jury en matière civile, mais on use de moins en moins de cette juridiction. On signalait naguère, dans un discours prononcé devant la Cour d'appel de Rouen, un fait significatif. Sur 577,622 affaires jugées en 1868 par les Cours de Comté, 1,041 seulement avaient été jugées avec l'assistance du jury. Les Anglais, depuis long-temps, ont horreur des destructions violentes et, quand ils ont réorganisé les Cours de Comté, ils n'ont prescrit au magistrat de juger seul que si les parties ne récla-maient pas l'assistance du jury. Permis à ceux qui ont confiance dans cette juridiction de se placer sous sa sauvegarde. Quelle leçon pour nous, Messieurs, qui ne savons plus laisser au temps le soin de faire disparaître les organismes véritablement dépourvus de vie. Si les réformateurs se trompent, nous sommes leurs victimes ; avec le système anglais, au contraire, ceux qui ont foi dans la réforme l'expérimentent à leurs risques et périls ; s'ils ont raison, les imitateurs ne leur font pas défaut, et l'organisation défectueuse périt, abrogée par la désuétude.

Né dans les commotions politiques, importé chez nous au milieu de la tempête, le jury se ressent de son origine. Il éprouve des modifications à chaque commotion nouvelle. Si graves que soient ces modifications, les marques de l'origine normande du jury subsistent encore assez nombreuses, dans l'institution telle qu'elle fonctionne maintenant sous nos yeux, pour qu'on ne puisse se méprendre sur sa filiation.

Ce n'est pas toutefois cette filiation qui m'a préoccupé dans le très court exposé du *requenoissant* que je viens de tenter devant vous. J'ai voulu simplement démontrer qu'on aurait tort de croire que l'application du jury au jugement des matières civiles est une conception toute moderne. Dire un mot de plus, ce serait m'engager dans des questions qui sont plutôt du domaine de la politique que du domaine de l'histoire ; ce serait contrevenir à vos meilleures traditions. En étudiant nos vieux Coutumiers, j'ai voulu suivre, autant que j'en suis capable, le conseil du sage. « Le Sage, dit l'Ecclésiaste, recherche la sagesse de tous les anciens : *sapientiam omnium antiquorum exquiret sapiens.* » Rechercher la sagesse de tous les anciens c'eût été pour moi trop difficile. Je me suis borné, et le champ est assez vaste, à rechercher la sagesse de nos anciens, à nous, la sagesse de nos vieux juristes normands. Je m'estimerais heureux si ma recherche n'avait pas été tout à fait vaine.

Je m'arrête, Messieurs, car, puisque je cite l'Ecclé-

siaste, je serais impardonnable de ne pas me rappeler
en ce moment une de ses plus remarquables sentences :
Melior est finis orationis quam principium ; la
fin d'un discours vaut mieux que le commencement.

Rouen. -- Imprimerie de Espérance Cagniard.

C'EST LE FONDS QUI MANQUE LE MOINS

9 782019 284893